BEI GRIN MACHT SICH IHR WISSEN BEZAHLT

AF153648

- Wir veröffentlichen Ihre Hausarbeit,
  Bachelor- und Masterarbeit

- Ihr eigenes eBook und Buch -
  weltweit in allen wichtigen Shops

- Verdienen Sie an jedem Verkauf

Jetzt bei www.GRIN.com hochladen
und kostenlos publizieren

Persönlichkeitspsychologie. Persönlichkeitseigenschaften, State-Trait-Debatte, PEN-Modell und Sensation Seeking

Alexa Hüni

GRIN ☺

Bibliografische Information der Deutschen Nationalbibliothek:

Die Deutsche Nationalbibliothek verzeichnet diese Publikation in der Deutschen Nationalbibliografie; detaillierte bibliografische Daten sind im Internet über http://dnb.d-nb.de abrufbar.

ISBN: 9783346359957
Dieses Buch ist auch als E-Book erhältlich.

Persönlichkeitspsychologie

Alternative: A

abgegeben am 31.12.2020

SRH Fernhochschule – The Mobile University

Modul: Persönlichkeitspsychologie

Studiengang: B.Sc. Psychologie

von

Alexa B. Hüni

Inhaltsverzeichnis

Tabellenverzeichnis

Abkürzungsverzeichnis

AC	Assessment Center
EPP	Eysenck Personality Profiler
EPQ	Eysenck Personality Questionnaire
MBTI	Myers-Briggs-Typenindikator
SSS	Sensation Seeking Skala
STAI	State-Trait-Angstinventar

Einleitung

Für die hier vorliegende Einsendeaufgabe wurde Alternative A aus dem vorgegebenen Themenkatalog gewählt. In Aufgabe A1 wird zunächst erläutert, was die differentielle Psychologie unter Persönlichkeitseigenschaften versteht. Darauf aufbauend wird auf die sogenannte State-Trait-Debatte eingegangen und anhand zweier alltagsnaher Beispiele erläutert, weshalb die Unterscheidung in „State" und „Trait" von Bedeutung ist. Dieser Unterschied wird abschließend vor dem Hintergrund des Einsatzes in Assessment Center Verfahren diskutiert.

Aufgabe A2 befasst sich mit dem persönlichkeitspsychologischen Ansatz von Eysenck. Es wird aufgezeigt; welche Persönlichkeitstypen Eysenck in seinem Modell identifiziert hat und welche Bedeutung dieses Modell auch heute noch hat. Im zweiten Teil von Aufgabe A2 wird eine aktuelle und in der praktischen Personalarbeit verbreitete Persönlichkeitstypologie vorgestellt und deren Anwendbarkeit im Bereich der Aus- und Weiterbildung erläutert.

Schließlich wird in der letzten Teilaufgabe A3 der von Zuckerman geprägte Begriff des „Sensation Seekings" vorgestellt. Es wird auf die „Sensation Seeking Skala" (SSS) eingegangen und eine Person, die auf dieser Skala hohe Werte aufzeigt, charakterisiert. Die abschließende Diskussion befasst sich damit, welchen praktischen Nutzen dieses Konzept haben könnte.

1   Aufgabe A1

Persönlichkeitseigenschaften in der differentiellen Psychologie

„Gegenstand der Psychologie ist das Erleben, Verhalten und Handeln des Menschen" (Hussy et al., 2013, S. 2). Ziel der Allgemeinen Psychologie ist es, Ähnlichkeiten im menschlichen Erleben, Verhalten und Handeln, zu erklären und herauszuarbeiten und möglicherweise vorherzusagen oder gar zu verändern (Hussy et al., 2013, S. 3). Allerdings unterscheiden sich Individuen auch untereinander. So gibt es beispielsweise aufgeschlossenere, extravertierte Menschen, wohingegen andere eher ruhiger und zurückhaltender, also introvertierter, sind. Hier setzt die Differentielle Psychologie an, welche sich wissenschaftlich mit den Unterschieden im menschlichen Erleben und Verhalten – also mit Persönlichkeitsunterschieden – befasst (Asendorpf, 2019, S. 2) und mittels qualitativer oder quantitativer Methoden untersucht, in welchen Persönlichkeitsmerkmalen Menschen sich voneinander unterscheiden. Rauthmann (2016, S. 2) differenziert in seiner Definition für die Differentielle und Persönlichkeitspsychologie in eine interindividuelle und eine intraindividuelle Sichtweise. Während erstere die biologischen, psychologischen und sozio-kulturellen Strukturen und Prozessen zwischen unterschiedlichen Personen erforscht, befasst sich zweitere mit eben diesen Strukturen und Prozessen innerhalb ein und derselben Person über die Zeit und/ oder über verschiedene Situationen hinweg.

Zur Beschreibung von Persönlichkeit haben sich in der Wissenschaft verschiedene Persönlichkeitstheorien und Paradigmen entwickelt. Eine allgemein anerkannte und eindeutige Definition des Begriffs der Persönlichkeit gibt es allerdings bis dato in der Psychologie nicht (Raab et al., 2016, S. 167). Die Auseinandersetzung mit, sowie die Beschreibung und Interpretation von Persönlichkeit nimmt gerade auch in der sogenannten Alltagspsychologie einen prominenten Platz einnimmt. Laut Becker (2014, S.19) entspricht das alltagspsychologische Verständnis von Persönlichkeit am ehesten den eigenschaftstheoretischen Ansätzen, bzw. dem Eigenschaftsparadigma. Diese stellen die traditionelle Herangehensweise der Persönlichkeitspsychologie dar und bemühen sich um ein umfassendes Beschreibungssystem der menschlichen Persönlichkeit (Becker, 2014, S. 53). Im Folgenden wird auf den eigenschaftstheoretischen Ansatz, sowie auf die Definition von Persönlichkeitseigenschaften näher eingegangen.

Im Eigenschaftsparadigma wird von zwei Grundannahmen für Persönlichkeitseigenschaften ausgegangen. Zum einen wird unterstellt, dass es sich bei Persönlichkeitseigenschaften um Dispositionen handelt, die einer gewissen zeitlichen
Stabilität unterliegen und zum anderen wird davon ausgegangen, dass diese Stabilität auch situationsunabhängig auftritt (Becker, 2014, S. 39). In jedem Fall zeigt
sich in ihnen, wie auf bestimmte Reize reagiert wird. Da Persönlichkeitseigenschaften, auch Traits genannt, hypothetische Konstrukte sind, lassen sie sich
nicht direkt, sondern ausschließlich aus der wiederholten Beobachtung oder
Messung von Verhalten, erschließen (Becker, 2014, S. 11). Im Gegensatz zu den
sogenannten Persönlichkeitstypen, welche als diskrete Kategorien betrachtet
werden, werden die beobachteten bzw. gemessenen Persönlichkeitseigenschaften auf einer kontinuierlich verlaufenden Skala zwischen zwei Ausprägungen an-
geordnet (Becker, 2014, S. 39). Das mitunter berühmteste Modell hierfür ist das
von Costa und McCrae entwickelte Fünf-Faktoren-Modell - die Big Five. Hiermit
hat sich eine anerkannte, weitverbreitete und allgemeingültige Beschreibung von
Persönlichkeitseigenschaften in ihren individuellen Unterschieden etabliert (John
et al., 1999). Dieses Modell ist bis heute in der praktischen Anwendung bei der
Untersuchung und Beschreibung von Persönlichkeitseigenschaften sehr weit
verbreitet.

Die State-Trait-Debatte in der Differentiellen Psychologie

Der Trait-Begriff in der Differentiellen Psychologie ist in erster Linie auf den US-
amerikanischen Psychologen Gordon Allport (1897 – 1967) zurückzuführen. Als
einer der Begründer der Eigenschaftstheoretischen Psychologie, definierte er
den Trait Begriff aus einer essentialistisch-kausalen Betrachtungsweise heraus.
Ein Trait war für ihn „ein neurophysiologisches verankertes Merkmal, das gewisse Regelmäßigkeiten im Erleben und Verhalten hervorbrachte" (Rauthmann,
2016, 18, 19). Bestimmte konkret beobachtbare Verhaltensweisen werden in
Kategorien zusammengefasst, womit sich die Erwartung verbindet, dass sich
eine Person auch weiterhin diesen wahrgenommenen Eigenschaften gemäß ver-
hält. Solche Eigenschaften werden auch als *Traits* bezeichnet. Man versteht da-
runter breite und zeitlich stabile Dispositionen zu bestimmten Verhaltensweisen,
die konsistent in verschiedenen Situationen auftreten. Dabei sind die

Eigenschaften latente Dimensionen, die aus wiederholten Verhaltens- und Erle-
bensäußerungen erschlossen werden. Da es sich bei den Dimensionen nicht um
physisch greifbare Gebilde, sondern um aus Sichtbarem erschlossene und kon-
struierte Konzepte handelt, spricht man auch von Konstrukten. Personen unterscheiden sich hierbei in der Ausprägungsstärke der allgemeinen Eigenschaft,
was sich in interindividuellen Unterschieden niederschlägt (Becker, 2014, S. 19).

Im Vergleich zu den stabilen Persönlichkeitsdimensionen existieren auch mo-
mentane Zustände der Gestimmtheit, die als *States* bezeichnet werden. Es handelt sich hierbei um ein subjektives, bewusst erlebtes Muster von bestimmten
Gefühlen, das von einer Erregung des autonomen Nervensystems oder von kognitiven Prozessen begleitet wird. Im Vergleich zu einer Eigenschaft ist ein Zustand eher ein vorübergehendes Phänomen (Becker, 2014, S. 20).

Die Diskussion darüber, ob es sich bei einem gezeigten Verhalten um zeitlich
stabilen Persönlichkeitseigenschaften (Traits) oder um situativ variierenden Zustände (States) handelt, hat sich unter dem Begriff der „State-Trait-Debatte" etabliert. In der State-Trait-Debatte geht es um die Unterscheidung von Eigenschaft
und Zustand und um die Auseinandersetzung mit der Fragestellung, ob sich Verhalten aus einer Abfolge intraindividueller Eigenschaften oder aus situationsab-
hängigen Umständen ergibt. Besonders eindrucksvoll wurde dies in dem 1971
von Zimbardo et al. (Zimbardo, 2020) durchgeführten „Stanford Prison Experiment" aufgezeigt. Hier wurde eine Gruppe von Studierenden der Stanford Uni-
versität in einem Scheingefängnis entweder der Rolle der Gefängniswärter oder
der Gefangenen, mit dem Auftrag, den Gefängnisbetrieb reibungslos aufrecht zu
erhalten, zugeordnet. Zur Überraschung der Forscher stellte sich rasch heraus,
dass das Verhalten der Versuchsteilnehmer übermäßig stark von der jeweiligen
Rolle beeinflusst wurde. So stark, dass das Experiment drohte außer Kontrolle
zu geraten und nach wenigen Tagen abgebrochen werden musste (Becker,
2014, S. 12).

Erläuterung der State-Trait- Debatte anhand zweier Alltagsbeispiele

Zur Veranschaulichung der State-Trait-Debatte – zu Deutsch auch Person-Situations-Debatte – werden im Folgenden zwei alltagsnahe Beispiele herangezogen. Die Unterscheidung von Eigenschaft und Zustand kann etwa am Beispiel der Angst gut erläutert werden. Angst kann sowohl eine grundsätzliche Persönlichkeitseigenschaft sein wie auch ein momentaner Zustand. So kann eine normalerweise extravertierte, aufgeschlossene Person in bestimmten Situationen auch durchaus ängstliches Verhalten aufzeigen. Treten zum Beispiel während eines Fluges starke Turbulenzen auf, so kann dies einen momentanen Zustand der Angst hervorrufen – in diesem Fall ist die Angst dann ein *State*. Hat eine Person jedoch grundsätzlich Angst davor vor Flugreisen anzutreten oder, abstrahierter formuliert, Angst davor sich in Situationen zu begeben, die sich außerhalb der persönlichen Kontrolle befinden, so ist die Angst eine situationsunabhängig auftretende Eigenschaft und damit also ein *Trait*.

Forschungsarbeiten zum Thema Angst und Ängstlichkeit wurden stark durch das, von dem US-amerikanischen Psychologen Charles D. Spielberger (1927 – 2013) in den 1970er Jahren entwickelten, Modell des State-Trait-Angstinventars (STAI) beeinflusst. Er hatte damit ein Testverfahren entwickelt, welches die Unterscheidung von aktuellen Angst-Zuständen (State) und habituellen Angst-Dispositionen (Trait) ermöglichte (Becker, 2014, S. 119).

Ein anderes Beispiel anhand dessen die State-Trait-Debatte im Alltag sichtbar wird, ist die Nervosität. So kann eine bestimmte Situation, beispielsweise ein Bewerbungsgespräch, in grundsätzlich ruhigen und gelassenen Personen starke Nervosität auslösen. Die Situation beeinflusst dann das Verhalten der Person, obwohl dies nicht mit ihren grundsätzlichen Persönlichkeitseigenschaften übereinstimmt.

Diese zwei Beispiele stehen exemplarisch für die, in verschiedenen psychologischen Disziplinen verankerte, State-Trait-Debatte.

Bedeutung der Unterscheidung von State und Trait in Assessment Center Verfahren

Im letzten Teil der Aufgabe A1 wird abschließend die Bedeutung der Unterscheidung von *Trait* und *State* vor dem Hintergrund des Einsatzes in sogenannten Assessment Center (AC) Verfahren diskutiert. Das auch im Deutschen gebräuchliche, englischstämmige Wort, Assessment Center bedeutet wörtlich übersetzt so viel wie „Beurteilungszentrum" oder „Bewertungszentrum". Die Bewertung bzw. Beurteilung steht also im Mittelpunkt - im Zentrum - des Verfahrens. Assessment Center werden in erster Linie „als individuelles Instrument zur Selbsterkenntnis, als Ausgangspunkt von Mitarbeiter- und Führungskräftetrainings, als Instrument zur Entwicklung von Anreizsystemen und als Kriterium der Karriereplanung" eingesetzt (Becker, 2014, S. 31). Meist kommen in AC-Verfahren simulierte Situationen aus dem Arbeitsalltag, Gruppendiskussionen, Rollenspiele und ähnliches zum Einsatz, um über die Beobachtung des Verhaltens der jeweiligen Personen auf deren Persönlichkeitseigenschaften, auf deren *Traits*, zu schließen und daraus resultierend die am besten geeignete Person für die zu besetzende Stelle zu evaluieren.

Offensichtlicher bzw. direkter erschlossen werden können während des AC-Prozesses die *States* der jeweiligen Personen. Das Verhalten in und die Reaktionen auf bestimmte Situationen oder Problemstellungen kommen direkt während des Verfahrens unmittelbar zum Vorschein und können von den geschulten Beobachtern jeweils situationsbezogen direkt bewertet werden. Es sind auch primär die *State-Eigenschaften*, auf die in AC-Verfahren geschlossen werden soll. Zeigen AC-Teilnehmer dann bestimmte Verhaltensweisen konsistent in verschiedenen Situationen, so kann daraus auch auf deren *Traits* geschlossen werden. Die Kenntnis des Unterschieds von *Trait* und *State* ist bei der Konzeption eines AC und bei der Beobachtung und der Bewertung der Teilnehmer also von großer Bedeutung, um die Ergebnisse richtig interpretieren zu können.

Als Kritikpunkt wird AC-Verfahren immer wieder eine gewisse Übungsanfälligkeit bzw. Trainierbarkeit nachgesagt. Diese wurde auch in verschiedenen wissenschaftlichen Untersuchungen nachgewiesen, unter anderem in einer im Jahr 2001 von Kelbetz und Schuler durchgeführten Studie zur Trainierbarkeit von AC-

Leistungen. Kelbetz und Schuler fanden in ihrer Studie allerdings auch Unterschiede in der Trainierbarkeit von verschiedenen Dimensionen, die während eines AC-Verfahrens angesprochen und getestet werden. So sind etwa „Trait-nah konzipierte Dimensionen wie Leistungsmotivation oder analytische Fähigkeiten (…) weniger übungsanfällig als verhaltensorientierte Dimensionen" (Kelbetz & Schuler, 2002, S. 4).

2 Aufgabe A2

Der persönlichkeitstypologische Ansatz nach Eysenck

Der 1916 in Berlin geborene Hans-Jürgen Eysenck floh aufgrund seiner jüdischen Wurzeln 1934 vor den Nationalsozialisten aus Deutschland und emigrierte nach England, wo er an der London University seinen ersten wissenschaftlichen Abschluss im Fach Psychologie machte. Seiner Promotion im Jahr 1940 im Bereich der Zwillingsforschung folgte zunächst eine Stelle in einer psychiatrischen Klinik, bevor er 1955 eine Professur für Psychiatrie am Institute of Psychiatry übernehmen konnte (Becker, 2014, S. 24) (Asendorpf, 2019, S. 33). Als einer der großen Psychologen in der Zeit um den Zweiten Weltkrieg herum, war Hans-Jürgen Eysenck darum bestrebt die ganze Person zu beschreiben und baute seine Theorien auf eigenen Erfahrungen, Fallstudien, Fragebogenuntersuchungen und später auch einigen Experimentalstudien auf. Auf seinen Arbeiten und Erkenntnissen beruhen auch viele der heutigen Ansätze und Theorien zur Persönlichkeit (Rauthmann, 2017, S. 40). Berühmtheit erlangte Hans-Jürgen Eysenck vor allem für seine biologische Trait Forschung (Rauthmann, 2017, S. 197) . Er gilt bis heute als Pionier der neurowissenschaftlichen Strömung in der Psychologie, wenngleich seine Gedanken zu biologischen Systemen und deren Implikationen für Erlebens und Verhaltenstendenzen mittlerweile als überholt gelten (Rauthmann, 2017, S. 352).

Der theorie-fokussierte Wissenschaftler Eysenck „war insbesondere an der nomothetischen Erklärung von Persönlichkeitsunterschieden (...) durch biologische Faktoren interessiert" (Rauthmann, 2017, S. 243). Er versuchte für die, zuvor mittels der Faktorenanalyse gewonnenen, Traits eine biologische Begründung zu liefern (Rauthmann, 2017, S. 243). In seiner Definition von Persönlichkeit ging er von vier maßgeblich prägenden Elementen aus: Dem Charakter, dem Temperament, dem Intellekt und von körperlichen Merkmalen (Rauthmann, 2017, S. 244). In seinen weiteren Forschungen kam er zu dem Ergebnis, dass Persönlichkeitseigenschaften und Verhaltensmerkmale miteinander zusammen hängen und fasste diese in sogenannten Clustern zusammen:

„Unsere Persönlichkeitstheorie behauptet, dass sich Persönlichkeit am besten als eine große Menge von Eigenschaften (...) beschreiben lässt, und dass diese Eigenschaften in gewissen Bündeln (clusters) miteinander zusammenhängen;

diese Bündel sind die empirische Basis für Konzepte höherer Ordnung, die man als „Typen" oder (…) als Dimensionen der Persönlichkeit bezeichnen kann" (Eysenck, 1976, S. 21).

In seinem persönlichkeitstypologischen Ansatz fasste Eysenck – im Gegensatz zu anderen Wissenschaftlern – Typen nicht als diskrete Kategorien sondern als Dimensionen auf, und unterstellte, dass diese Typen sich hinsichtlich ihrer Ausprägung graduell unterscheiden. Aus diesen Erkenntnissen heraus, gelang Eysenck zu der Annahme, dass es neben der Intelligenz noch drei weitere wichtige Trait-Typen, welcher er zwischen jeweils zwei Polen, die die Extrempositionen markieren, auf einem Kontinuum abbildete (Becker, 2014, S. 25), geben müsse. Diese fasste er im sogenannten PEN-Modell folgendermaßen zusammen:

Abkür-zung	Bezeichnung	Gegenpol	Primärfaktoren
P	Psychotizismus	Impulskontrolle	Risikofreudig, spontan, unzuverlässig, egoistisch, sensationssuchend, widerstandsfähig, handelnd
E	Extraversion	Introversion	Aktiv, kontaktfreudig, offen, selbstbewusst, ehrgeizig, dogmatisch, aggressiv
N	Neurotizismus	Emotionale Stabilität	Unsicher, schwermütig, besorgt, abhängig, empfindlich, schuldbewusst, pedantisch

Tabelle 1: Die PEN-Typen nach Eysenck
(Quelle: Eigene Darstellung in Anlehnung an Rauthmann 2017, S. 249)

Bei den Dimensionen Psychotizismus und Impulskontrolle ging Eysenck davon aus, dass es sich hierbei nicht um diskrete, unterschiedliche Zustände handelt, sondern vielmehr um einen fließenden Übergang zwischen den beiden Ausprägungsgraden von gesund bis psychotisch (Becker, 2014, S. 25).

Den Begriff der Extraversion – mit seinem Gegenpol der Introversion – hat Eysenck aus der von Carl Gustav Jung stammenden Typenlehre adaptiert. Wenngleich er auch mit Jungs theoretischem Verständnis der beiden Begriffe nicht konform ging, bediente er sich dennoch dieser Bezeichnungen für die Beschreibungen der Verhaltensdispositionen von „typisch Extravertierten" und „typisch Introvertierten" (Becker, 2014, S. 26).

Als dritten Persönlichkeitstypus nennt Eysenck den Neurotiker. Er charakterisiert Personen mit einer hohen Ausprägung auf dieser Dimension als labil, instabil und durch „ein der Realität der Situation nicht angemessenes Maß an Angst" aufweisend. Zu erkennen ist der Neurotiker vor allem an zwanghaftem Verhalten, überdurchschnittlich ausgeprägtem Angst- und Sorgempfinden sowie einer stark ausgeprägten Stressanfälligkeit (Becker, 2014, S. 26). Der Gegenpol zu Neurotizismus ist die emotionale Stabilität.

Die Bedeutung des PEN-Modells für die Gegenwart

Hans-Jürgen Eysencks faktorenanalytische Forschungsarbeiten und Theorien zur Persönlichkeitspsychologie haben zu ihrer Zeit breite Beachtung gefunden und die Persönlichkeitsforschung bedeutend weiterentwickelt. Insbesondere das von ihm entwickelte und im vorausgegangen Abschnitt vorgestellte PEN-Modell erreichte weltweite Bekanntheit und gilt bis heute als wegweisende Persönlichkeitstheorie (Rauthmann, 2017, S. 246). Darüber hinaus wurden weitere Messinstrumente für die von ihm fokussierten Persönlichkeitsdimensionen Psychotizismus, Extraversion und Neurotizismus entwickelt. Zu nennen sind hier beispielsweise der Eysenck Personality Questionnaire (EPQ) oder der Eysenck Personality Profiler (EPP) (Rauthmann, 2017, S. 246). Obwohl alle diese Instrumente als gut validiert gelten, sind sie heute zu Gunsten neuerer Modelle, wie etwa der auf die Arbeiten von Costa und McCrae zurückzuführenden Big Five Taxonomie, in den Hintergrund geraten. Der Grund hierfür liegt in der letztendlich fehlenden einheitlichen Akzeptanz der, von Eysenck vorgeschlagenen Dimensionen und der fehlenden Bestätigung, der von ihm erarbeiteten, biologischen Parallelen (Grant, 2020). Zusammenfassend lässt sich also festhalten, dass Eysenck mit seinem persönlichkeitstypologischen Ansatz, seinen Theorien und Modellen ein Wegbereiter für die heutige Persönlichkeitspsychologie war. In der praktischen

Anwendung findet sich sein PEN-Modell jedoch kaum mehr wieder, da es von moderneren, differenzierteren Modellen überholt wurde.

Persönlichkeitstypologien in der praktischen Personalarbeit und deren Anwendbarkeit in der Aus- und Weiterbildung

Persönlichkeitstypologien spielen, insbesondere in großen, börsennotierten Unternehmen, eine zunehmend wichtige Rolle in der praktischen Personalarbeit. Dies belegt eine im Jahr 2004 von Matthias Klimmer und Martina Neef an der Fachhochschule Mannheim durchgeführte empirische Studie, die 41 DAX und MDAX notierte Unternehmen zum Einsatz von Persönlichkeitstypologien in der Personalarbeit befragten. Im Zentrum der Untersuchung standen Leitfragen zur Bekanntheit von existierenden Persönlichkeitsmodellen, zur Art und Weise des Einsatzes dieser Modelle in der Personalarbeit, sowie zu dem damit verfolgten Zweck. Abschließend wurden die Unternehmen dazu befragt, wie sie den tatsächlichen Nutzen dieser Persönlichkeitstypologien und -modelle für ihre praktische Anwendung in der Personalarbeit einschätzen (Klimmer, Matthias, Neef, Martina, 2004, S. 2, 2004).

Persönlichkeitstypologien kommen in unterschiedlichen Bereichen der praktischen Personalarbeit zum Einsatz. Bei der Personalauswahl geben sie, häufig in Verbindung mit weiteren eignungsdiagnostischen Verfahren, wichtige Hinweise auf die Persönlichkeitseigenschaften des Bewerbers und dessen Passung auf die zu besetzende Stelle. Aber auch in der Personalentwicklung spielen Typologien eine zunehmend wichtige Rolle. Hier dienen sie dazu „Stärken bestimmter Persönlichkeitstypen aus- bzw. deren Schwächen abzubauen und den Umgang mit verschiedenen Persönlichkeitstypen bei Mitarbeitern, Kunden oder Geschäftspartnern zu optimieren" (Klimmer, Matthias, Neef, Martina, 2004, S. 3).

Interessanterweise – so konstatieren es Klimmer und Neef in ihrer Studie – stellt Deutschland in puncto Einsatz von Persönlichkeitstest in der Personalarbeit noch ein „Entwicklungsland" dar (Klimmer, Matthias, Neef, Martina, 2004, S. 3). In den USA, wie auch in den meisten Europäischen Ländern, sei der Einsatz von Persönlichkeitstypologien und deren Messung über persönlichkeitsdiagnostische Verfahren schon weitaus verbreiteter. Dies wird auch durch die Studie von

Klimmer und Neef bestätig, da hier nur knapp 50% der befragten deutschen Großunternehmen angaben, derartige Instrumente in ihrer Personalarbeit implementiert zu haben (Klimmer, Matthias, Neef, Martina, 2004, S. 2). Darüber hinaus fanden die beiden Forscher in ihrer Studie heraus, dass in den befragten Unternehmen kein breites Wissen zu der Vielfalt der verfügbaren Persönlichkeitstypologien und -modellen vorhanden ist und nur ein kleiner Teil der verfügbaren Modelle tatsächlich zum Einsatz kommt. Der Myers-Briggs-Typenindikator (MBTI®) nimmt hinsichtlich der Bekanntheit mit 45% dabei die Spitzenposition ein, gefolgt vom DISG-Modell (25%) und dem INSIGHTS MDI (20%) (Klimmer, Matthias, Neef, Martina, 2004, S. 4).

Wie aus der zitierten Studie klar hervor geht, ist der MBTI® das in der deutschen Wirtschaft am bekannteste und am weitesten verbreitete Instrument zur Persönlichkeitsanalyse. Daher wird dieses im Folgenden kurz erläutert und dessen Anwendbarkeit in der Aus- und Weiterbildung diskutiert.

Der MBTI® beruht auf Carl Gustav Jungs persönlichkeitspsychologischer Typenlehre, die auf den zwei grundlegenden Typen „Extraversion" und „Introversion" basiert, und wurde darauf aufbauend von Cook Briggs und Isabel Myers entwickelt (Becker, 2014, S. 32, S. 38). Mit dem MBTI® hat man ein Instrument an der Hand, mit dem schnell Persönlichkeitsunterschiede dargestellt werden können. Dazu werden vier gegensätzliche Wortpaare verwendet, die von jedem Menschen mit unterschiedlicher Intensität genutzt werden: „Extraversion – Introversion", „Sensing – Intuition", „Thinking – Feeling", „Judging – Perceiving" (Becker, 2014, S. 34). Da die hiermit angesprochenen Bereiche insbesondere für die Führung bzw. die Evaluation von Führungseigenschaften relevant und interessant sind, ist der MBTI® ein äußerst geeignetes Entwicklungsinstrument und weniger für die Personalauswahl geeignet (Becker, 2014, S. 33).

Die Anwendung solcher Persönlichkeitstypologien erweist sich in der Aus- und Weiterbildung als durchaus sinnvoll und nutzenbringend. Persönliche Stärken, Schwächen, Fähigkeiten und Neigungen können damit systematisch erfasst und ausgewertet werden und zielgerichtet sowohl für die persönliche Karriereplanung des Mitarbeiters wie auch für die strategische Personalplanung und -entwicklung des Unternehmens eingesetzt werden. So wird beispielsweise in der Praxis eine hohe Ausprägung auf dem Wert der Extraversion mit guten Führungseigenschaften und Vertriebsstärke gleichgesetzt (Asendorpf, 2019, S. 86).

Zusammenfassend ist festzuhalten, dass Persönlichkeitstypologien gute Anhaltspunkte liefern jedoch qua ihrer Praxisnähe und einfachen Anwendbarkeit leicht dazu verleiten können, als absolut angesehen zu werden. Dabei darf jedoch nicht vergessen werden, dass Instrumente wie das MBTI® Profil immer nur eine Verhaltenspräferenz wiedergeben und, dass grundsätzlich auch andere Verhaltensmuster zur Verfügung stehen (Becker, 2014, S. 38). Der Einsatz derartiger Verfahren in der Aus- und Weiterbildung bedarf daher also neben einem profunden Verständnis der Instruments an sich auch einem hohen Maß an Reflektion und Kontextualisierung - denn mehr „als eine Heuristik zum besseren Verständnis von Konflikten und diese bedingenden kontroversen Auffassungen kann eine Typentheorie nicht sein" (Becker, 2014, S. 39).

3 Aufgabe A3

Der Begriff *Sensation Seeking* nach Marvin Zuckerman

Der Begriff des *Sensation Seeking* geht auf den US-amerikanischen Psychologen Marvin Zuckerman (1928 – 2018) zurück. Zuckermans Forschungen beruhten auf der Annahme, dass das menschliche Verhalten bis zu 60 Prozent genetisch vorbestimmt sei. Vererbt würden dabei jedoch keine komplexen Verhaltensmuster, sondern vielmehr biologische Verhaltensdispositionen, die festlegen welche Verhaltensmuster später zu welchem Grad erlernt werden können (Becker, 2014, S. 64). Darauf aufbauend prägte Zuckerman den Begriff des *Sensation Seeking* und meinte damit eine auf Verhaltensgenetik basierende Prädisposition für das stetige Suchen (*Seeking*) nach neuen Anreizen (*Sensation*). *Sensation Seeking* beschreibt das Verlangen von Personen nach „abwechslungsreichen, neuen und komplexen Eindrücken sowie (…) die Bereitschaft, um solcher Eindrücke willen physische und soziale Risiken in Kauf zu nehmen" (Häcker, 2020). Zuckerman ging davon aus, dass Menschen unterschiedliche Stimulations-Bedürfnisse hinsichtlich ihres Erregungsniveaus haben, welches erreicht werden muss, um sich wohl zu fühlen. Seiner Auffassung nach seien „Menschen mit einem niedrigen Erregungsniveau auf eine hohe Stimulation von der Außenwelt angewiesen" (Becker, 2014, S. 64). Diese bräuchten also den gewissen Kick von außen, um sich gut zu fühlen. Sie können das für Wohlfühlen benötigte Erregungsniveau nicht aus sich selbst heraus erzeugen. Diese Personen beschrieb Zuckerman als *Sensation Seeker*.

Zur Erfassung dieses Persönlichkeitsmerkmals entwickelte Zuckerman die sogenannte *Sensation Seeking Skala (SSS)*. Dieses Instrument ermöglicht es mittels Fragebögen, welche mit unterschiedlichen Verhaltensvariablen validiert wurden, die *Sensation Seeking*–relevanten Persönlichkeitsdimensionen herauszufiltern und auf einer Skala einzuordnen. Nachfolgende Tabelle gibt einen Überblick über die vier Dimensionen der SSS:

Abkür-zung	Skala	Beschreibung
TAS	Thrill- and Adventure-Seeking	Auf der Suche nach schneller, gefährlicher physischer Aktivität; Hang zu Extrem-Sportarten.
ES	Experience-Seeking	Auf der Suche nach kognitiver und sinnlicher Stimulation sowie sensorischen Erfahrungen, beispielsweise über Reisen oder auch den Hang zu Kulten, Drogen und ähnlichem.
DIS	Disinhibition	Auf der Suche nach sozialer Stimulation (Enthemmung), etwa durch enthemmtes Verhalten auf Partys oder im Sexualleben.
BS	Boredom Susceptibility	Aversion gegen Langeweile, Routinen und repetitive Aufgaben. Meidung von reizarmen Umgebungen und Tätigkeiten

Tabelle 2: Die Sensation Seeking Skala (SSS) nach Zuckerman
(Quelle: Eigene Darstellung in Anlehnung an Zuckerman et al., 1978 und Becker 2014)

Die **TAS-Dimension** (Thrill- and Adventure-Seeking) gibt die Neigung einer Person zu extremen körperlichen Aktivitäten an. Daher ist es nicht verwunderlich, dass Extremsportler hier einen hohen Wert aufweisen. Die Risikobereitschaft dieser Personen ist vergleichsweise stark ausgeprägt.

Menschen mit einer starken Ausprägung auf der **ES-Dimension** (Experience-Seeking) suchen die Stimulation eher auf der kognitiven Ebene oder durch sensorische Herausforderungen. Dies geschieht beispielsweise durch Reisen, den Genuss von Kunst oder Kultur. Allerdings zählen auch übermäßiger Alkohol- oder Drogenkonsum zu den möglichen Stimulantien von Personen mit einer starken ES-Ausprägung.

Die **DIS-Dimension** (Disinhibition) – zu Deutsch auch Enthemmung – gibt das Verlangen nach Stimulation durch soziale Kontakte und Begegnungen an. Wie der Begriff schon vermuten lässt, zeichnen sich Personen mit einer starken Ausprägung auf der DIS-Dimension durch enthemmtes Verhalten aus. Hierzu zählen zum Beispiel Menschen mit ausgefallenen Vorlieben im Sexualbereich oder häufig wechselnden Sexualpartnern.

Die vierte und letzte Dimension auf Zuckermans SSS, die **BS-Dimension** (Boredom Susceptibility) gibt die Aversion gegenüber langweiligen, routineartigen oder gar monotonen Tätigkeiten an. Personen mit einer solchen Ausprägung weisen häufig eine gewisse Rast- und Ruhelosigkeit auf. Langeweile wird von BS-dominierten nur schwer toleriert und so werden reizarme Umgebungen und Tätigkeiten von diesen Personen bewusst gemieden.

Eine Person mit hohen Werten auf der SSS könnte folgendermaßen beschrieben werden:

Sie liebt Sport und Bewegung und hat zudem einen außerordentlichen Hang zu rasanten, adrenalingeladenen Sportarten. Daher fährt sie Mountainbike Downhill Rennen. Auf Partys ist sie immer die erste auf der Tanzfläche, wo sie gerne im Mittelpunkt steht, und sie ist stets die Letzte, die nach Hause geht. Sie ist auch dem Konsum von Rauschmitteln nicht abgeneigt. Beruflich arbeitet sie im Vertriebs-Außendienst eines Start-Ups. Sie ist viel unterwegs und jeder Tag ist anders. Einen monotonen Büroalltag – das könnte sie sich nicht vorstellen. Ihr Gehalt ist stark erfolgsabhängig, das motiviert sie.

Abschließend ist zu Zuckermans Konzept des *Sensation Seeking* festzuhalten, dass dieses in den verschiedenen Disziplinen durchaus kritisch gesehen wird. Insbesondere unter neurowissenschaftlicher Betrachtung gilt das Konzept als äußerst spekulativ. Eine bessere Anwendbarkeit des Konzepts findet sich eher in der sportwissenschaftlichen Forschung wieder (Becker, 2014, S. 66).

4   Literaturverzeichnis

Asendorpf, J. B. (2019). *Persönlichkeitspsychologie für Bachelor* (4. Aufl.). Springer. https://doi.org/10.1007/978-3-662-57613-7

Becker, B. (2014). *Studienbrief: Grundlagen der Differentiellen und Persönlichkeitspsychologie.*

Eysenck, H.-J. (1976). *Sexualität und Persönlichkeit.* Europa Verlag.

Grant, P. (2020). PEN-Modell. In M. A. Wirtz (Hg.), *Dorsch: Lexikon der Psychologie* (19. Aufl.). Hogrefe. https://dorsch.hogrefe.com/stichwort/pen-modell

Häcker, H. O. (2020). Sensation-Seeking. In M. A. Wirtz (Hg.), *Dorsch: Lexikon der Psychologie* (19. Aufl.). Hogrefe. https://dorsch.hogrefe.com/stichwort/sensation-seeking

Hussy, W., Schreier, M. & Echterhoff, G. (2013). *Forschungsmethoden in Psychologie und Sozialwissenschaften für Bachelor* (2. Aufl.). Springer.

John, O. P., Srivastaya & Sanajay. (1999). The Big Five Trait Taxonomy: History, Measurement and Theoretical Perspectives. In L. A. Pervin & O. P. John (Hg.), *Handbook of personality.: Theory and research.* (2. Aufl.). Guilford Publications.

Kelbetz, G. & Schuler, H. (2002). Verbessert Vorerfahrung die Leistung im Assessment Center? *Zeitschrift für Personalpsychologie, 1*(1), 4–18. https://doi.org/10.1026//1617-6391.1.1.4

Klimmer, Matthias, Neef, Martina. (2004). *Einsatz von Persönlichkeitstypologien in der deutschen Wirtschaft: Ergebnisse einer empirischen Studie* [Empirische Studie]. Fachhochschule Mannheim, Mannheim.

Raab, G., Unger, A. & Unger, F. (2016). *Marktpsychologie.* Springer. https://doi.org/10.1007/978-3-658-02067-5

Rauthmann, J. F. (2016). *Grundlagen der Differentiellen und Persönlichkeitspsychologie.* Springer. https://doi.org/10.1007/978-3-658-10840-3

Rauthmann, J. F. (2017). *Persönlichkeitspsychologie: Paradigmen – Strömungen – Theorien.* Springer. https://doi.org/10.1007/978-3-662-53004-7

Zimbardo, P. G. (27. Dezember 2020). *Stanford Prison Experiment.* https://www.prisonexp.org/

Zuckerman, M., Eysenck, S. B. & Eysenck, H. J. (1978). Sensation seeking in England and America: Cross-cultural, age, and sex comparisons. *Journal of Consulting and Clinical Psychology*, *46*(1), 139–149.